ZEPHIRE

ET

FLORE,

OPERA.

REPRESENTE'

PAR L'ACADEMIE ROYALE

DE MUSIQUE.

Se vend,

A PARIS,

A l'Entrée de la Porte de l'Academie Royale de Musique,
au Palais Royal, ruë Saint Honoré.

Imprimé aux dépens de ladite Academie.

Par Christophe Ballard, seul Imprimeur du
Roy pour la Musique.

M. DC. LXXXVIII.

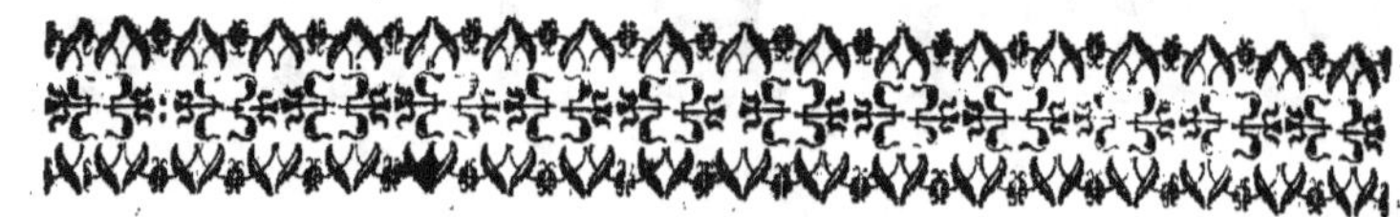

ACTEURS
DU PROLOGUE.

VERTUMNE, *Dieu des Jardins.*
PALE'S, *Déesse des Bergers.*
Troupe des suivans de Vertumne.
Troupe de Bergers & de Bergeres.
UN ZEPHIR.

PROLOGUE.

Le Theatre represente le nouveau Palais de Trianon, avec ses Jardins.

VERTUMNE.

Aissez pour quelque temps le soin de ces Jardins,
    Divinitez, qui marchez à ma suite.

PALE'S.

Accourez des hameaux voisins,
Bergers soûmis à ma conduite.

VERTUMNE.

Laissez pour quelque temps le soin de ces Jardins.

PALE'S.

Accourez des hameaux voisins.

A ij

Marche des suivans de Vertumne, avec des Bergers
& leurs Bergeres.

VERTUMNE.

Venez me montrer voftre zele,
Prenez part à l'éclat de ma gloire nouvelle.

Dans ces Jardins delicieux
Où toûjours mes foins curieux,
Secondent fi bien ceux de Flore :
Que je fuis content en ce jour
De voir ce beau Palais devenir le féjour
D'un Roy que l'Univers adore.

Ces gafons & ces fleurs dont je fais mes plaifirs,
Offriront quelque-fois des momens agreables
A fes nobles loifirs ;
Quels fuccez plus favorables
Pouvoient flatter mes defirs ?

VERTUMNE & PALE'S.

Quels fuccez plus favorables

VERTUMNE   { mes }
Pouvoient flatter   { } *defirs ?*
PALE'S.   { vos }

CHOEUR.

Quels fuccez plus favorables
Pouvoient flatter mes defirs ?

Quelques-uns des deux Troupes expriment leur
joye par des danſes.

PALE'S.

Charmant Printemps, haſtez-vous de renaiſtre.

Dans le temps qu'on va voir paroiſtre
Tout ce que la nature a de plus gracieux,
L'art prodigue à l'envy ſes treſors precieux,
Pour former un ſéjour digne d'un ſi grand Maiſtre:
Charmant Printemps, haſtez-vous de renaiſtre.

Chœur de Bergers & de Bergeres.

Charmant Printemps, haſtez-vous de renaiſtre.

Bergers & Bergeres.

VERTUMNE.

Peut-on de ce Heros trop celebrer la gloire?
Son bras n'eût-il pas tout vaincu,
S'il n'avoit mieux aimé permettre à la Victoire
De voler au ſecours d'un Empire abbatu?
Peut-on de ce Heros trop celebrer la gloire?

Chœur des ſuivans de Vertumne.

Peut-on de ce Heros trop celebrer la gloire?

Suivans de Vertumne.

VERTUMNE.

Bergers, réunissons nos voix :
Chantons noſtre bonheur ſous de ſi douces loix.

CHOEUR.

Chantons noſtre bonheur ſous de ſi douces loix.

PALE'S, à un Berger.

Quoy dans cette réjoüiſſance,
Sied-il bien à Tircis de garder le ſilence ?

TIRCIS.

Pour meſler ma voix à vos chants
Mon ame eſt trop peu ſatisfaite,
Et menant mes brebis aux champs
J'ay negligé de prendre ma muſette :
Helas ! il manque à mon bonheur
Le ſeul bien qui pouroit me plaire ;
Mais c'eſt le ſecret de mon cœur,
Ie ne le dis qu'à ma Bergere.

VERTUMNE, TIRCIS, & UN BERGER.

Pardonnons aux tendres Amans,
Méritons leurs plaiſirs, & plaignons leurs tourmens.

CHOEUR.

Qu'un plus beau deſſein nous anime ;
Offrons à ce grand Roy nos Ieux & nos Chanſons :
C'eſt un hommage legitime
Pour les biens dont nous joüiſſons.

PALE'S.

Bergers, finissons.
Le loüer dignement, n'est pas en ma puissance;
Le divertir, passe mon esperance.

UN ZEPHIR.

Flore vient à vostre secours;
Elle ressent l'ardeur qui vous inspire.
Dans ces lieux les plus beaux de son charmant Em-
pire
Où le destin l'attache pour toûjours,
Vous l'allez voir avec Zephire
Retracer à vos yeux leurs premieres Amours.

VERTUMNE.

Qu'un nouvel espoir nous anime;
Offrons à ce grand Roy nos Ieux & nos Chansons:
C'est un hommage legitime
Pour les biens dont nous joüissons.

Les deux troupes se rassemblent. Les Chœurs repetent ces quatre derniers Vers avec des
Danses, & finissent le Prologue.

FIN DU PROLOGUE.

ACTEURS.

LORE.

ZEPHIRE.

BORE'E

CLORIS, *confidente de Flore.*

CLYTIE, *Amante du Soleil.*

LE SOLEIL.

IRIS.

ARTENICE, *Nymphe de Diane.*

Troupe des Nymphes de Flore.

Troupe d'autres Divinitez de la suite de Flore.

Troupe de Silvains & de Dryades.

Troupe de Zephirs de la suite de Zephire.

Troupe d'Aquilons de la suite de Borée.

CYBELE.

HYMEN.

BACCHUS,

Troupe de Satyres de la suite de Bacchus.

ZEPHIRE

ZEPHIRE ET FLORE,
OPERA.

ACTE PREMIER.

Le Theatre represente un pays de l'Assyrie sur les bords de l'Eufrate. C'est un vallon delicieux, & des Prairies à perte de veuë coupées de ruisseaux. L'éclat & l'Abondance des fleurs dont elles sont semées, les peut faire prendre aisément pour l'endroit le plus agreable de l'Empire de Flore.

SCENE PREMIERE.

BORE'E seul.

INfortuné Borée, helas! qu'elle est ta peine,
D'aimer toûjours quelque inhumaine!

B

Que m'a servy le genereux effort
De m'affranchir des fers de l'ingrate Orithie?
A Flore de nouveau mon ame assujettie
     N'en attend pas un plus doux sort.
Je ne me connois plus avec tant de foiblesse :
     Quoy si-tost aprés que la Gréce
     A veu mes vœux si mal receus,
     L'Eufrate me voit encore
     Desesperé, hay de Flore,
Souffrir sans me vanger d'injurieux refus !

SCENE SECONDE.

BORE'E, ZEPHIRE.

ZEPHIRE sans estre veu de Borée.

CHarmant Objet de ma secrete flâme,
Non, toutes les beautez qui regnoient dans mon ame
N'ont jamais comme vous merité mes soupirs :
Prés d'elles je goustois l'amusement aimable
Que l'on trouve à flatter de volages desirs ;
Mais je ne dois qu'à vous les sensibles plaisirs
     Que donne un amour veritable.

BORE'E à part.

C'est Zephire qui resve icy ;
Flore en seroit-elle adorée ?

ZEPHIRE à part.

Dissimulons , voicy Borée.

BORE'E à part.

Tâchons de penetrer son amoureux soucy ,
A qui destinez-vous cette chanson si tendre ? à Zephire.

ZEPHIRE.

Aux premieres beautez qui voudront bien l'entedre.

BORE'E.

Pensez-vous me tromper ainsi ?
Vous déguisez en vain une tendresse extrême.

ZEPHIRE.

Non, mon cœur est toûjours le mesme.

A chaque belle à son tour
J'aime à conter des fleurettes :
Mes ardeurs les plus parfaites
Ne sçauroient durer qu'un jour ;
J'ay toûjours des amourettes ,
Et je n'ay jamais d'Amour.

Mais Cloris vient à nous ; qu'elle me paroist belle !
Puis-je la voir sans aimer tant d'appas ?

SCENE TROISIE'ME.

BORE'E, ZEPHIRE, CLORIS.

ZEPHIRE.

BElle Cloris, si ma flâme nouvelle......

BORE'E interrompant Zephire.

Que fait Flore, dis-moy, ne viendra t'elle pas?

CLORIS.

Au soin de ses Iardins la Déesse attachée......

BORE'E.

J'entens, c'estoit assez pour détourner ses pas,
Qu'elle sceût qu'en ces lieux mon Amour l'a cherchée.

CLORIS.

Pourquoy voulez-vous qu'aujourdhuy
Vostre présence icy la gesne?
Un cœur ingenieux à se faire une peine?
Prend pour une marque de haine
Ce qu'on fait bien souvent sans que l'on songe à
luy.

BORE'E.

Non, je vois sa fierté de la haine suivie;
Elle n'a plus pour moy d'égards:
La cruelle m'envie
Iusqu'aux froideurs de ses regards;
Mais si ma tendresse l'offence,
Qu'elle craigne du moins ce que peut ma vangeance.

ZEPHIRE.

En vous vangeant que ferez-vous?
Vous attirer un repentir funeste,
Dont tout cét amour qui vous reste
Sçauroit bien-tost punir un injuste couroux.
Vous n'estes pas aimé de Flore;
Mais un autre que vous en est-il mieux traitté?

ZEPHIRE, CLORIS.

Son jeune cœur n'aime encore
Que sa beauté,
Ses fleurs, & sa liberté.

CLORIS.

Ce n'est pas la violence
Qui triomphe d'un jeune cœur:
C'est la douceur,
Et la constance.

SCENE QUATRIESME.

BORE'E, ZEPHIRE.

ZEPHIRE.

Ecoutez un conseil plus doux à vostre ar-
deur.
Puisque Flore aujourdhuy pour soulager vos peines
Refuse d'aimer à son tour :
L'Hymen ne peut-il pas au défaut de l'Amour
La mettre dans vos chaisnes ?
Depuis qu'elle a receu les honneurs immortels,
Cybele luy tient lieu de Mere :
Allez, jusques sur ses Autels
Demander cét Hymen qui ne peut luy déplaire.

BORE'E.

Oüy, je suis ce conseil sincere.

Mais tandis que je cours asseûrer mon bonheur,
Qui me repond icy de Flore & de son cœur ?
Tous ces foibles Rivaux que retient ma presence
Vont revenir en foule adorer ses beautez :
Contre les dangers de l'absence
Prenons toutes nos sûretez.

Fiers ministres de mes ravages,
Accourez à ma voix, Tourbillons furieux,
Entourez ces vallons de plus épais nüages ;
Iusqu'à mon retour en ces lieux
Cachez Flore aux mortels, & s'il se peut aux Dieux.

Borée se retire.

ZEPHIRE.

Enfin il est party, je l'envoye à Cybelle,
Elle approuve mes feux, il n'obtiendra rien d'elle.

Les Aquilons passent dans les Airs, & des nüages
s'avancent de toutes parts.

Mais je vois s'obscurcir la lumiere des Cieux.
Quels affreux sifflemens resonnent !

SCENE CINQVIE'ME.

ZEPHIRE, Chœur des Nymphes & autres
Divinitez de la suitte de Flore qui passent en
desordre sur le Theatre.

CHOEUR des Nymphes.

Quels affreux sifflemens resonnent !
ZEPHIRE.
Quels nüages nous environnent !

CHOEURS.

Quels affreux sifflemens resonnent!
Quels nüages nous environnent!

ZEPHIRE.

La Déesse paroist , & porte icy ses pas ;
Nüages importuns ne me la cachez-pas.

SCENE SIXIESME.

FLORE, ZEPHIRE, CLORIS.

FLORE.

BOrée enfin ne peut plus se contraindre.
Loin de se faire aimer , il veut se faire craindre.
L'insolent ose donc ainsi me retenir?

ZEPHIRE.

Vangez-vous en sur moy, c'est moy qu'il faut punir.
Aimé de vous , adorable Déesse ,
Cent fois encor plus amoureux,
Je voulois éloigner un Rival trop fâcheux
Qui contraignoit nostre tendresse.
Il est party, je benirois le sort ;
Si sa jalouse prevoyance
Ne vous eût point, helas! attiré cette offence.

FLORE.

FLORE.

Calmez l'excés de ce transport,
De Borée il est vray, nous ressentons l'audace;
Mais ce n'est pas pour nous la plus rude disgrace.
Je ne sçais point de maux dignes d'estre pleurez,
A moins que son pouvoir ne nous eût separez.

Pourquoy nous allarmer, Zephire,
Sommes-nous si malheureux?
Nous nous aimons, nous nous voyons tous deux,
Et ce bien nous doit suffire.

FLORE, ET ZEPHIRE.

Nous nous aimons, &c.

FLORE.

Ie ne plains seulement que les Nymphes mes Sœurs,
Ie dois partager leurs douleurs.

SCENE SEPTIEME.

FLORE, ZEPHIRE, CLORIS, Chœurs des
Nymphes & des Divinitez de la suite de Flore.

CHOEURS.

Voyez nostre Ennemy se rendre icy le Maistre,
Soleil, pour le chasser, hâtez-vous de paraistre.

SCENE HUITIESME.

FLORE, CLYTIE, ZEPHIRE, CLORIS.
Chœurs des Nymphes & des Divinitez de la
suite de Flore.

FLORE.

QVoy Clytie avec nous vient s'affliger aussi,
N'a-t'elle pas assez de son secret soucy:

CLYTIE.

Vous invoquez en vain le Dieu qui nous éclaire,
C'est ma presence, helas! qui vous le rend contraire.

Ie l'adorois ce charmant Dieu du jour;
Son cœur brûloit pour moy d'une ardeur mutuelle:
Leucothoé * *le rendit infidelle,*
Et m'osta mon bonheur en m'ostant son amour.
Quel fût mon desespoir! ma jalouse colere
Découvrit ma Rivale à son barbare Pere,
Il la punit par un affreux trépas.
Voilà le triste aveu de mon malheur extrême.
Depuis ce jour fatal, helas!
I'éprouve le couroux d'un perfide que j'aime.
Ie traîne mes langueurs & ma flâme en tous lieux.
La mort, la seule mort auroit pour moy des charmes:

* Fille d'Or-
chame Roy
d'Assirie.

Non, nôtre repentir ne touche point les Dieux,
Le cruel est tôûjours insensible à mes larmes.

Pour luy laisser sur vous répandre ses bontez,
Ie dois quitter ces lieux.

FLORE.

Non, Clytie arrestez.
*Il écoute nos vœux; * il paroist ; il s'avance ;*
Il vient par toute sa puissance
Nous délivrer de nostre effroy ;
Peut-estre aussi finir vostre douleur mortelle.

* Le Soleil se
montre, &
'ommence à
descendre.

CLYTIE.

Helas, si l'infidelle
Pouvoit revenir à moy!

CHOEURS,

Voyez quels Ennemis sont venus nous surprendre;
Soleil, pour les chasser, hastez-vous de descendre.

SCENE NEUFVIESME.

Les Acteurs de la Scéne précedente, le Soleil
dans un Char.

LE SOLEIL.

JE ne puis plus souffrir que de tristes allarmes
Troublent des lieux si pleins de charmes.

Nüages ténébreux, farouches Aquilons,
Disparoissez de ces Vallons.

Les Nüages se dissipent, & les Aquilons aban-
donnent l'Empire de Flore.

Belle Flore, pour vous ce que je viens de faire
Vous montre assez combien vous m'estes chere:
Mais pour me voir toûjours favoriser ces lieux
* Régardant *Eloignez un objet qui blesse icy mes yeux.* *
Clytie.

CLYTIE.

Peux-tu, cruel...

LE SOLEIL.

Va, malheureuse,
Et cherche, comme toy de barbares climats,
Où pleurer le succés de ta vengeance affreuse;
* Clytie se *Va, dis-je, & ne replique pas.* *
retire.

Tandis que je suivray ma brillante carriere,
Ioüissez en repos de ma douce lumiere.

SCENE DIXIE'ME.

FLORE, ZEPHIRE, CLORIS,
Chœurs des Nymphes & des Divinitez.

CHOEURS.

Nous triomphons noſtre ſort changé.
Donnons au Dieu du jour une juſte loüange.

FLORE & ZEPHIRE.

Brillant Soleil, celebrons à jamais
Voſtre gloire & vos bienfaits.

CHOEURS.

Brillant Soleil, &c.

Les Nymphes & les autres Divinitez de la ſuite
de Flore, celebrent par des Danſes leur joye,
& le Triomphe du Soleil.

CLORIS.

Paroiſſez, doux Zephirs,
Les beaux jours vous rappellent ;
Que vos ardens deſirs
Pour nous ſe renouvellent :
Sans vous, ſans vos tendres ſoupirs,
Il n'eſt point pour nous de plaiſirs.

Voftre aimable fecours
Embellit ces retraites,
Vous nous plaifez toûjours
Tout legers que vous eftes :
Sans vous, fans vos tendres amours,
Il n'eft point pour nous de beaux jours.

FLORE.

Les timides Zephirs cachez dans les Bocages
N'oferoient encor fe montrer :
Qu'ils ne redoutent plus la fureur des orages,
Allez les raffûrer.

SCENE ONZIE'ME.

FLORE, ZEPHIRE, CLORIS, IRIS, fur fon Arc.

ZEPHIRE.

IRis paroift, je crains quelque peine nouvelle.

IRIS.

Ie viens vous annoncer les ordres de Cybele.
De fes refus Borée eft irrité ;
Flore, dérobez-vous à fa temerité ;
Fuyez dans la Foreft de la Nymphe Artenice.
Et vous, Zephire, allez aux Cieux,
Obtenez du Maiftre des Dieux
Qu'avec Flore aujourdhuy voftre Hymen s'ac-
compliffe.

Fin du premier Acte.

ACTE SECOND.

Le Theatre represente un lieu Solitaire,
où l'on voit une Forest épaisse, & des
Rochers élevez.

SCENE PREMIERE.
CLYTIE seule.

H! pour cacher ma honte & ma dou-
    leur,
Ne sçaurois-je trouver de retraite assez sombre !
    Soleil, de mes maux seul auteur,
Quoy, ta lumiere encor, pour affliger mon cœur,
    Perce l'épaisseur de cette ombre !
    Non, pour cacher ma honte & ma douleur,
Ie ne sçaurois trouver de retraite assez sombre.

Malheureuse Clytie, avec quelle rigueur
   Tantost le cruel ta chaßée,
Et quel temps il a pris pour declarer l'horreur
Qu'il garde encor pour toy si vivement tracée!
Dans le temps qu'il paroist sensible aux vœux de tous,
Et qu'une autre en reçoit les regards les plus doux.

Mais quel nouveau soupçon s'empare de mon ame:
Peut-estre il sent pour Flore une amoureuse flâme.
   Ce qu'il a fait vient de le découvrir;
    Et ces soins de la secourir
   Du haut des Cieux il auroit pû les prendre,
Si pour elle l'amour ne l'avoit fait descendre:

Quoy, Flore, à cette amour voudras-tu consentir?
    Ah si tu me fais cét outrage,
Songe que je sçauray me vanger ou perir.
    Ie sçay que tu ne peux mourir,
    Crain toutefois ce que ma rage
Imagine déja de te faire souffrir.

Mais je la vois, quel sujet luy fait prendre
    Le chemin de ces bois?
Elle est avec Cloris; cachons-nous pour l'entendre,
Et par ses sentimens, si je puis les apprendre,
    Connoißons ceux que je luy dois.

SCENE

SCENE SECONDE.

FLORE, CLORIS, CLYTIE cachée.

FLORE.

ARrestons-nous. Voicy l'asile
Où je puis éviter un amant odieux.

CLORIS.

Quittez ce soin désormais inutile,
Le Dieu que vous aimez va revenir des Cieux.

FLORE.

Crois-tu qu'en y songeant je seray plus tranquille ?

Ie suis preste à m'engager
Dans une chaîne éternelle
Avec un amant leger :
Que deviendroit, helas ! mon cœur tendre & fidelle
Si le sien venoit à changer ?

CLORIS.

De quel nouveau soucy vous montrez-vous atteinte ;
Venez-vous pour troubler la paix de ce séjour ?
C'est trop écouter la crainte
N'écoutez plus que l'amour.

FLORE.

Ie révois à mon sort, ce desert m'y convie.

CLORIS.

Eh si prés d'un hymen quelque sujet plus doux
Ne vient-il point s'offrir à vostre réverie.

FLORE appercevant Artenice.

La Nymphe vient, avançons-nous.

CLYTIE à part.

Qui, dit-elle, grands Dieux, qui sera son époux?
Elle l'attend du Ciel; c'est un Amant volage;
C'est mon perfide, helas, en faut-il d'avantage?

SCENE TROISIE'ME.
FLORE, ARTENICE, CLORIS.

FLORE.

D*Ans vos Forests je cherche du secours*
Contre une importune poursuite:
I'ay besoin de vostre conduite,
Seule je n'ose entrer dans leurs sombres détours.

ARTENICE.

De voftre fort je fuis inftruite.
Ne craignez plus icy pour voftre fureté,
Goûtez d'un plein repos l'entiere liberté.
Ce bois mefme bien-toft, s'il le faut pour vous plaire
Va devenir moins folitaire.
Vous, Dryades, Silvains foûmis à mon pouvoir,
Paroiffez.

SCENE QUATRIE'ME.

FLORE, ARTENICE, CLORIS
Troupe de Dryades & de Silvains, qui fortent
en un moment du tronc des Arbres.

ARTENICE.

Venez recevoir
Une fi charmante Déeffe:
En la voyant montrez voftre allegreffe.

CHOEURS.

Honorons à l'envy cette belle Déeffe,
En la voyant montrons noftre allegreffe.

ARTENICE.

C'eſt Flore & ſes appas
Que vous voyez paraiſtre :

ARTENICE & une Dryade.

Tendres fleurs ſous ſes pas
Venez icy renaiſtre.

UN SILVAIN.

Petits oiſeaux, raſſemblez-vous,
Venez la divertir par vos chants les plus doux.

ARTENICE & un autre Silvain.

Clairs ruiſſeaux, redoublez voſtre aimable murmure.

Un troiſiéme Silvain.

Bois épais, parez-vous de nouvelle verdure.

ARTENICE.

Que tout ſeconde ſes deſirs.
Qu'aujourd'huy toute la nature
Offre à cette beauté ſes innocens plaiſirs.

Deux Dryades & un Silvain.

Qu'aujourd'huy toute la nature
Offre à cette beauté ſes innocens plaiſirs.

On entend une Symphonie champeſtre, dont
l'Echo repete les derniers ſons.

ARTENICE.

Gardez ſur tout dans vos Concerts
De mêler le beau nom de Flore.
Elle ſe cache en ces deſerts,
Et l'Echo rediroit ce qu'il faut qu'on ignore.
Ne chantez en ce jour
Que les douceurs d'une innocente amour.

CHOEURS.

Ne chantons en ce jour
Que les douceurs d'une innocente amour.

Les Dryades & les Silvains eſſayent par leurs
Danſes & par leurs Chants de divertir la Déeſſe. Une Dryade chante la Chanſon qui ſuit.
Les Chœurs repetent les deux premiers & les
deux derniers Vers.

On n'aime point dans nos Foreſts
Comme dans le reſte du monde:
Les jaloux ny les indiſcrets
N'en troublent point la paix profonde,
Icy l'Amour eſt tout charmant,
Et ne cauſe point de tourment.

Si quelquefois on veut changer,
On le peut sans estre infidelle :
On sçait si bien se ménager
Que l'inconstance est mutuelle ;
Icy l'Amour est tout charmant
Et ne cause point de tourment.

UN SILVAIN.

Retirons-nous, Borée icy s'avance.

SCENE CINQUIE'ME.

BORE'E seul.

CEs lieux sont habitez, j'entens un bruit confus ;
Ecoutons. On ne parle plus.
D'où vient ce prompt silence ?
N'ay-je pas entendu les hostes de ce Bois ?
Silvains, refusez-vous de répondre à ma voix ?
Pourquoy fuir ma presence ?
Apprenez-moy si dans vostre séjour
On n'a pas veu l'objet de mon amour ?
C'est Flore, helas, je l'ay perduë :
Ne me direz-vous point ce qu'elle est devenuë ?

Je viens de la chercher dans les Vallons voisins,
        Dans son Palais, dans ses Jardins.
        Quelle cruelle inquietude !
    J'ay parcouru ces lieux sans aucun fruit,
        Ie n'ay trouvé que solitude,
Mes Aquilons chassez, & mon pouvoir détruit.

D'un Amant plus puissant c'est sans doute l'ou-
    vrage.
Est-ce toy, Iupiter, qui me fais cét outrage?
        Quoy, Maistre de tant d'autres cœurs,
    Ne pouvois-tu me laisser en partage
        Du moins Flore avec ses rigueurs !

        Aprés les refus de Cybele,
Falloit-il ce surcroist à ma douleur mortelle ?
Ah ! que tant de mépris qu'on me fait essuyer
        Sont bien dûs à mon ame fiere,
        Lorsque je devois employer
Mon audace & ma force au lieu de la priere.
C'est à moy de ravir, & non de demander
        Ce que je pretens posseder.

Foibles & vains discours, helas, puisque j'ignore
        En quels lieux on me retien Flore.

SCENE SIXIE'ME.

BORE'E, CLYTIE.

BORE'E.

Est-ce vous qu'icy je revoy?

CLYTIE.

Mon chagrin dans ces Bois m'attire

BORE'E.

Où Flore est-elle, helas! dites-le-moy?
Vous qui sortez de son Empire.

CLYTIE.

Ie viens d'estre témoin de vos secrets discours,
Heureuse de pouvoir vous donner du secours.

Mon cœur toûjours s'est montré pitoyable
Au triste recit de vos feux:
Eh qui sçait mieux que moy le tourment effroyable
Que cause un Amour malheureux?

Cent fois j'ay condamné la severe Déesse;
A vostre sort enfin je m'interesse,
Et si je veux, il peut changer.

BORE'E.

BORE'E,

Vous pouriez soulager ma peine!

CLYTIE.

Oüy, je le puis, si c'est la soulager
Que de vous livrer l'inhumaine.

BORE'E.

Mon bonheur en dépend ne le differez pas.

CLYTIE.

Non, mais accordez-moy, pour le prix de mon zele,
Le mesme asile en vos climats,
Qu'aux siens, je trouvois auprés d'elle.

BORE'E.

Venez en Thrace sur nos pas;
Mes Aquilons auront soin de vous prendre.
Sur la cime du Mont vous pouvez les attendre.

CLYTIE.

C'est prés de ce Rocher qui s'éleve en ces lieux
Que Flore se cache à vos yeux.
Allez, suivez un dépit legitime.

E

SCENE SEPTIESME.

CLYTIE seule.

OU plûtost hastez-vous de livrer la Victime
Qu'il faut à mon cœur furieux.

Dans l'estat où je suis quelle douceur égale
Celle de perdre une Rivale ?
Aussi bien la langueur de mon triste loisir
Ne faisoit qu'augmenter ma peine,
Et je ressens quelque plaisir
A retrouver un objet à ma haine.

SCENE HUITIE'ME.

CLYTIE, CHOEURS de Silvains & de Dryades fuyans dans le Bois.

CHOEUR.

AH quelle rage !

CLYTIE.

Borée a commencé de vanger mon outrage.
Ie l'entens qui répand l'épouvante & l'horreur.

CHOEUR.

Quel attentat! quel ravage! *

CLYTIE.

Que ce bruit, que ces cris font doux à ma fureur!

* On entend le bruit & le fracas des Arbres que Borée brise ou déracine.

CHOEUR.

Ah quel ravage!
Quel attentat! quelle rage!

Borée s'envole avec Flore qu'il enleve.

SCENE NEVFVIE'ME.

CLYTIE.

C'En est fait, & Borée a remply mon espoir,
Ma Rivale est en son pouvoir.
Allons, courons, joüissons de sa peine,
Ie dois ce plaisir à ma haine.

SCENE DIXIE'ME.

CLORIS sortant du Bois, ZEPHIRE.

CLORIS.

TEndre Zephire, Amant trop malheureux,
Tu pers ce que ton cœur adore,
Borée en ce moment vient de t'enlever Flore.

ZEPHIRE.

Et Iupiter, helas, l'accordoit à mes vœux!
Ah! retournons au Ciel demander la vengeance
De cette indigne violence.

A quel defefpoir en ce jour
Mon rigoureux deftin me livre!
Pour Flore, allons fignaler mon amour.
Et la delivrer, ou la fuivre.

Fin du fecond Acte.

ACTE TROISIE'ME.

Le Theatre represente l'Antre de Borée
dans les Montagnes de la Thrace.

SCENE PREMIERE.

BORE'E, FLORE.

BORE'E.

Enez, reconnoissez vostre nouvel Empire ;
Quittez le vain effroy que son nom vous
  inspire.
    Pardonnez un enlevement
Qui vous donne un époux dans un fidelle Amant.

    Partagez vostre aimable presence
  Entre ces lieux & vos autres climats :
Et pour regner par tout joignez à vos appas
    Tout ce que j'ay de puissance.

E iij

Ah! que mes vœux seroient contens...
Vous ne m'écoutez point. Mes tendres sentimens
Ne trouvent en vous qu'une ingrate,
Mais songez qu'il n'en est plus temps,
Et que vous n'estes plus sur les bords de l'Eufrate.

FLORE.

Hé pourquoy croyez-vous n'estre pas écouté?
Vous voyez que mon cœur succombe à sa tristesse.
J'ay perdu mon repos avec ma liberté:
Ah! pour me consoler de m'avoir tout ôté,
Me pouvez-vous trop montrer de tendresse.
Cependant vous vous en lassez
Et déja vous me menacez.

BOREE.

Quoy qu'un juste dépit m'inspire
De finir un trop long martire,
Ah! que vous sçavez bien désarmer mon couroux:
A mon secours en vain j'appelle mon audace,
Vous craignez peu la menace
De qui tremble devant vous.

FLORE.

Un Amant soûmis & tendre
Est plus heureux dans ses amours:
Que ne pouriez-vous pas attendre,
Si vous me paroissiez toûjours
Un Amant soûmis & tendre.

BORE'E.

Que voulez-vous, parlez, voyez ce que je puis.

FLORE.

Me laisser un moment pour calmer mes ennuis.

BORE'E.

Non, c'est pour moy trop de souffrance
Qu'un moment passé sans vous voir.

FLORE.

Songez ce que peut vous valoir
Cette premiere complaisance.

BORE'E.

Vous me trompez, cruelle, je le voy,
Cette feinte douceur n'est que pour me surprendre,
Vous esperez du secours contre moy ;
Vous me trompez, cruelle, je le voy,
Et je ne sçaurois m'en deffendre.

SCENE SECONDE.

FLORE seule.

VA, laisse-moy, digne objet d'une haine
Que je n'ose faire éclater :
Ah ! c'est le comble de ma peine
D'estre reduite à te flater.

Et toy, mon cher Amant, dont le sort me sépare,
Tu le peux bien pardonner à ma foy :
Eh pouvois-je autrement obtenir du barbare
Qui me tient icy sous sa loy
Un moment pour me plaindre & ne penser qu'à toy.

Cher souvenir, douce tendresse
Que je cache au fond de mon cœur,
Suspendez quelque temps l'excés de ma douleur :
Vous estes le seul bien que le destin me laisse,
Cher souvenir, douce tendresse.
Que je cache au fond de mon cœur.

Ah ! c'est trop r'appeller à ma triste pensée
Une felicité passée....
Mais en dois-je croire mes yeux,
Et Clytie est-elle en ces lieux ?

SCENE

SCENE TROISIE'ME.

FLORE, CLYTIE.

FLORE.

EH quel bonheur vous ameine?
Venez-vous partager ma peine?
Quelle amitié...

CLYTIE.

Cessez de vouloir m'abuser,
Vous le devez sçavoir, je suis vostre Ennemie.
Si Borée en ces lieux vous retient asservie,
C'est un malheur que j'ay sçeu vous causer.
Par cette vangeance fatale.
Apprenez ce que c'est que d'estre ma Rivale.

Je vous avois fait voir le secret de mon ame ;
Vous sçaviez mon amour, & mes transports jaloux:
De mon perfide Amant vous écoutez la flâme,
Et vous l'avez accepté pour Epoux.

Amour, peux-tu souffrir qu'on reçoive l'hommage
D'un Amant reconnu volage,
Et devrois-tu le rendre heureux?
Ah! si tu punissois par des peines cruelles
Le lâche cœur qui repond à ses vœux,
On verroit bien moins d'infidelles.

F

FLORE.

Je ne sçay pas ce que vous entendez,
Mais jamais le Soleil... Ciel j'apperçois Zephire.

SCENE QVATRIE'ME.

FLORE, CLYTIE, ZEPHIRE.

FLORE.

Fuyez de ce funeste Empire,
Ah! Zephire vous vous perdez.

ZEPHIRE.

De tous mes maux l'absence estoit le pire.
Esperons toutefois, Jupiter est pour nous ;
Je viens d'implorer sa justice :
Sa lenteur me jettoit dans un cruel supplice
J'aime mieux souffrir avec vous.

FLORE.

En attendant du sort l'arrest suprême
Eloignez-vous, songez ce que vous hazardez.

ZEPHIRE.

Non, Flore, mon amour extrême
Ne peut vouloir ce que vous demandez.

FLORE.

Ah! Zephire, vous vous perdez.

ZEPHIRE.

Qu'importe, helas, si je vous pers vous-mesme.

CLYTIE.

Vous estes donc cét Amant, cét Epoux
Qu'elle attendoit prés d'Artenice?

ZEPHIRE.

J'esperois ce bonheur si doux,
Ah! jugez quel est mon supplice.

CLYTIE.

Qu'as-tu fait ma jalouse erreur
Par ton imprudente vangeance!
De Flore, helas, tu causes le malheur;
De ses bienfaits est-ce la recompense?
Contre un cruel destin je fais de vains efforts,
Sa rigueur enfin me surmonte.
A ma jalousie, à ma honte
Ciel, faut-il ajouter la douleur des remords?
Ah! c'est trop éprouver ta haine,
Cherchons la mort, pour terminer ma peine.

SCENE CINQVIE'ME.

FLORE, ZEPHIRE.

FLORE.

Qve son destin est rigoureux !
Malgré moy je la plains.

ZEPHIRE.

Helas, helas sans elle
Ne serions-nous pas trop heureux ?

FLORE & ZEPHIRE.

Helas, helas sans elle
Ne serions-nous pas trop heureux ?

FLORE.

Ie vous quitte.

ZEPHIRE.

Un moment encore

FLORE.

Ces momens sont trop dangereux.
Zephire, adieu, fuyez, mais aimez toûjours Flore,
Ie vois Borée, il a tout entendu,
Et vous estes perdu.

SCENE SIXIE'ME.

FLORE, ZEPHIRE, BORE'E,

Troupe d'Aquilons.

BORE'E à FLORE.

POursuivez, cette ardeur est belle.
* Et toy, confident infidelle,   * à Zephire.
Ie découvre donc en ce jour
Pourquoy tu me pressois d'aller trouver Cybele.
Et tu viens encore dans ma Cour
Faire éclater ton insolent Amour.
Qu'on entraisne ce temeraire,
Aquilons, servez ma colere.

SCENE SEPTIE'ME.

Les mesmes Acteurs, le Soleil du haut des Cieux.

LE SOLEIL.

LAisse en paix ces tendres Amans,
Iupiter par mes soins veut finir leurs tourmens.
Voy s'élever sur la ruine
De ton séjour affreux,
Un Palais brillant & pompeux
Qu'à leur bonheur le Ciel destine.

Le Theatre change, & fait voir un Palais ma-
gnifique tout orné de fleurs. On y voit dans
des Vafes d'or ces fleurs illuftres, dans lefquel-
les plufieurs Heros de la Fable ont efté meta-
morphofez, comme Adonis, Narciffe, & fur
tout Clytie qui vient d'eftre changée en Soucy.
Le Soleil defcendu affez prés du Theatre con-
tinuë en parlant à Borée.

Deformais le deftin a marqué ton féjour
   Aux froids climats de la Scythie.
* Borée & Delà fi tu le veux porte à ton Orythie
les Aquilons
difparoiffent.   Ou tes fureurs, ou ton Amour. *

SCENE HVITIE'ME.

LE SOLEIL, FLORE, ZEPHIRE.

FLORE appercevant le Soucy.

Mais que vois-je paroiftre icy?
Quelle nouvelle fleur ?
   LE SOLEIL.
   Voyez encor Clytie
Garder fous la couleur & le nom du Soucy,
  Son amour & fa jaloufie.
En cette fleur, je l'ay voulu changer
  Pour la punir & vous vanger.

Tendres Amans, tout succede à vos vœux,
Du sort, ny des jaloux ne craignez plus l'injure.

FLORE & ZEPHIRE.

Que ne devons-nous pas à vos soins genereux ?

LE SOLEIL.

Quand je favorise vos feux
J'embellis toute la nature.

Bien-tost vous allez voir Cybele,
Hymen & Bacchus avec elle ;
Vos Nymphes, vos Zephirs, & tous vos demy-
Dieux
Viendront aussi dans ces aimables lieux.

SCENE NEUFVIE'ME.

FLORE, ZEPHIRE.

FLORE.

Zephire, vostre cœur ne sera-t'il qu'à moy ?
Il fut souvent leger, cessera-t'il de l'estre ?
Ne voudrez-vous pas reconnoistre
Mon Amour & ma Foy ?

Que je crains pour voſtre conſtance,
Vous ſerez un Epoux aimé trop tendrement :
Si vous n'eſtiez jamais qu'Amant,
J'aurois bien moins de défiance.

ZEPHIRE.

Voſtre beauté n'eſt pas une beauté mortelle,
Sans ceſſe elle renaiſt avec plus d'agrément :
Qui pouroit vous eſtre infidelle ?
Non, j'aimeray toûjours plus ardemment
Voſtre beauté toûjours nouvelle.

Mais que dans ces momens tendres & precieux
J'aime cette langueur que je vois dans vos yeux.
Vous les baiſſez, eſt-ce qu'ils ſe repentent
De laiſſer échaper des regards qui m'enchantent ?
Mon cœur ſe plaiſt à reſſentir leurs coups.

FLORE.

Ce que mes yeux ont de plus doux
N'eſt-il pas l'effet de ma flâme ?
Ioüiſſez-en, je vous le dois, c'eſt vous
Qui l'avez miſe dans mon ame.

SCENE

SCENE DERNIERE.

FLORE & ZEPHIRE.

On voit arriver de differens endroits sur des Nüages Cybele, Hymen & Bacchus, Cloris, les Nymphes de Flore, les autres Divinitez de sa suite, & les Zephirs qui les accompagnent.

CYBELE & HYMEN.

L'Hymen vient vous donner le plus beau de vos jours,
Heureux Epoux qu'un tendre Amour assemble:
Que ces mesmes plaisirs puissent durer toûjours,
C'est desirer pour vous tous les plaisirs ensemble.

CHOEURS.

Que ces mesmes plaisirs puissent durer toûjours.

CLORIS.

Que jamais les chagrins ne vous livrent la guerre.

CHOEURS.

Que ces mesmes plaisirs puissent durer toûjours.

Un des suivans de Flore & un Zephir.

Que le doux fruit de vos Amours
Soit les delices de la terre.

G

ZEPHIRE & FLORE.

CHOEURS.

Que le doux fruit de vos Amours.
Soit les delices de la terre.

Toute cette belle Troupe assemblée pour celebrer l'Hymen de Zephire & de Flore com-
mence leurs Danses & les mêlent aux Chansons qui suivent.

CLORIS ET UNE NYMPHE.

Pendant que l'orage
Nous a séparez ;
Tendres Zephirs, troupe volage,
Que faisiez-vous aux lieux où vous vous retirez ?

DEUX ZEPHIRS.

D'aimables Nayades,
De jeunes Dryades,
Vouloient engager
Nos cœurs à changer :
Mais vous nous semblez plus belles
Et nous revenons fidelles.

CLORIS ET L'AUTRE NYMPHE.

Ah ! revenez dans nostre douce chaisne ;
Que ce soit nostre beauté,
Ou vostre fidelité,
Qu'importe qui vous rameine,

LES DEUX ZEPHIRS.

Nous revenons dans voſtre douce chaiſne ;
Que ce ſoit voſtre beauté,
Ou noſtre fidelité.

Les deux Nymphes & les deux Zephirs.

LES NYMPHES.
Qu'importe qui { vous } { rameine ?
LES ZEPHIRS. { nous }

BACCHUS.

Belle Flore, Déeſſe aimable
Qui diſpenſez les treſors du Printemps,
J'eſpere de vous tous les ans
Que vous me ſerez favorable :
Les raiſins ces fruits ſi vantez,
Ne ſont pas dûs ſeulement à l'Automne,
Et cette ſaiſon ne les donne
Qu'autant que vous les promettez.

UN ZEPHIR.

Icy l'Amour content de ſa conqueſte
Laiſſe à l'Hymen tout l'honneur de la Feſte.

CHOEURS.

Icy l'Amour content de ſa conqueſte
Laiſſe à l'Hymen tout l'honneur de la Feſte.

LE ZEPHIR.

Ces deux Epoux le cachent dans leur ame,
Où ſon flambeau va redoubler leur flame.

ZEPHIRE & FLORE.

CHOEURS.

Icy l'Amour content de sa conqueste
Laisse à l'Hymen tout l'honneur de la Feste.

LE ZEPHIR.

Mais tous ces jeux n'ont rien qui n'embarasse,
Dés que l'Amour en veut prendre la place.

Laissons l'Amour charmé de sa conqueste
Faire à son gré le plaisir de la Feste.

CHOEURS.

Laissons l'Amour charmé de sa conqueste
Faire à son gré le plaisir de la Feste.

Que ces mesmes plaisirs puissent durer toûjours.
Que jamais les chagrins ne vous livrent la guerre.
Que le doux fruit de vos Amours
Soit les delices de la terre.

Fin du troisiéme & dernier Acte.